소중한 나의 전부

지성 · 감성의 메타언어
조선문학시인선 · 324

소중한 나의 전부

김 호 정 시집

조선문학사

■ 책머리에

이제 겨우 작은 전마선 한척 마련하여
서툰 몸짓으로 뱃길로 띄운다.
망망대해 미지의 항구를 향해 돛을 올리고
첫 출항의 뱃고동을 울린다.
두렵고 떨리고 조심스럽다.
빈 배 타고가신 아버지께서
생전 이루지 못한 만선의 꿈을 조금이나마
이루어 드리고 싶은 나의 간절한 소망이다.
아낌없는 성원으로 용기를 북돋아주신 문우들을 비롯하여
주위의 낯익은 분들과
캡틴 되시는 사랑하는 p박사님께 깊은 감사의 인사를 드린다.
특별히 표지화를 그려주신 김창래 화가님께
처녀항해의 보람을 함께 하고 싶다.
졸시집 『소중한 나의 전부』를 읽는 세상의 모든 분들에게
하늘의 평강과 기쁨과 행복이 강 같이 넘쳐나기를
진심으로 기원 한다.

2012년 초여름
고향 오릿나루에서
김호정

소중한 나의 전부

제2부
만추우

제3부
수직과 수평

제4부

시집 평설

제1부

시인의 꿈

문득 걸음을 멈추고

문득 걸음을 멈추고
문득 생각이 나서
문득 뒤 돌아 보면

기억의 끝 저 너머
옥양목 헌 저고리 동정 깃 같은
구겨진 세월이

흙먼지 덕지덕지 뒤집어쓰고
허우적 허우적 따라 온다

너무 멀리 떠나온
강 같은 세월

뒤 돌아 볼 수는 있어도
되돌아 갈 수 없는 까막한 상거(相距)인데

벗어던진 헌 옷가지 챙겨들고
세월은 훌쩍거리며 부질없이
그렇게 따라온다

보통사람

보통사람으로 태어나
보통사람으로 살지 못하고
실패한 어떤 보통사람이 있었다

보통사람으로 태어나
보통사람으로 살지 못하고
성공한 어떤 보통사람도 있었다

보통사람으로 태어나
보통 이상도 이하도 아닌
보통사람으로도
살기 힘에 겨운 팍팍한 세상에

보통사람으로 태어나
보통사람으로 살지 못하고
성공한 어떤 보통사람의
성공사례에 관한 보고서에는

남사당패의 한마당 굿판 같은
신명나는 외줄 타는 묘기가 들어 있었다

소중한 나의 전부

아무것도 가진 것 없습니다
아무것도 아는 것 없습니다
아무것도 잘난 것 없습니다
있는 것은 오직 하나
그것은
눈에 보이지 않습니다
귀에 들리지 않습니다
손에 잡히지 않습니다
누구든지 원하기만 하면
가질 수 있습니다
길이요 진리요 생명입니다
소중한 나의 전부입니다

어머니의 장독대

어릴 적 우리 집 뒷마당 가에는
어머니가 손수 만든 장독대가 있었다
하얀 조개껍질이 듬성듬성 섞인 왕모래를 곱게 깔아 만든 장독대 위에는
언제나 크고 작은 항아리들이 아담하게 잘 정돈돼 있었다
장독 속에서 어머니의 손맛은 우러났고
맛은 특별나서 온 동네에 소문이 자자 했다
손이 큰 어머니의 장독대는 우리 집 보물 창고였고
온 마을의 자랑이었다
살에는 추운 겨울날 집나간자식 안돌아올 때도
어머니는 그 장독대 곁을 한번도 떠나 본적이 없으셨다
장독대는 어머니의 마음이었고 고향이었고
정성을 빌어 올리는 어머니의 전부였다
어느덧 세월은 흘러 어머니도 장독대도 자취 없이 사라지고

지금은 아무도 어머니의 장독대를 기억해주는 사람이 없다
유독 내 가슴에만 살아서 저리는 아픔으로 다가온다
세월이 좀 더 흘러 나마저 없으면
누가 어머니의 장독대를 기억해주고
후세에 들려줄까
장맛 진한 어머니의 장독대 이야기를

우리가 어디 남입니까

본래 우리는
남이 아닌데 남이 되어
남처럼 살아 왔습니다

남이 아니면서 남이 되어
눈 흘기며 아픈 세월 살아 왔습니다

반만년 역사를 자랑하며
단일민족 한핏줄 내 세우며

남이 아니면서 남이 되어
남보다 더 어려운 세월 살아 왔습니다

우리가 어디 남입니까

남이 아니면서
왜 남처럼 살아 왔는지
남이 아니면서
왜 남처럼 살아야 하는지

우리가 어디 남입니까

그리움의 돛배

노을 지는 저녁나절
언덕에 올라
푸른 해원을 향해 앉으면
물밀듯 밀려오는 하얀 그리움

먼 바다의 향수가
가슴 가득 차오르면
노을 고운 바다 위에
그리움의 돛배 한척 띄운다

찰랑거리는 물길 따라
돛배는 떠나가고
불타는 노을은 비단이불 두르고
밤 그림자 길게 드리우는데

밀물이 썰물 되어 밀려간 자리
텅 빈 모래밭 위로
어스름 저녁 별빛 한 움큼 쏟아져 내린다

오릿나루

험한 태백 준령
대관령 아흔 아홉 고갯길 굽이돌아
북동쪽으로 비스듬히 뻗어나간

동해 푸른 바닷가
나루터 한 작은 마을

바닷바람 마시며
머리카락 날리며
물오리 새끼들 퐁당거리며

푸른 물속 구석구석 휘젓고 다녔지
석기리 현무니 태규니 영수

눈에 선한 그 모습 어제 같은데
이제는 잃어버린 귀한 보석 같아

아련한 옛 생각
낡은 사진 한 장으로 누렇게 뜨고
그리움, 가슴팍 퍼렇게 차오르는데

이제 와서 어찌하나

동해 푸른 바닷가
나루터 한 작은 마을
내 고향 오릿나루

당신의 미소

홀어머니
등 구부리며 물질하는
갯가 바위틈

일렁이는 마파람에 숨바꼭질하며
돌게는
늘 산(山) 꿈에 젖어 살았다

모시적삼 흰 소매자락
훌떡 걷어 부치고
어느날 당신이 크게 노했을 때

뿔뿔이 흩어지던 해초 이파리에 떠밀려
바다를 등져버린 돌게

이제 소금끼 진한 짭짜름한
어부의 피부빛이 절실해진 이유로

출항 직전의 선창에 나가
당신의 미소를 닮아본다

고향 갈매기

육삼빌딩 한강 시민공원
유람선 선착장에서 그를 만났다
어디를 어떻게 얼마나 돌아 다녔는지
알 수는 없지만
어깨를 떨구고 고개 숙인 기죽은
얼굴 모습에서
나는 그가 고향 갈매기라는 것을
대뜸, 알아 볼 수 있었다
내 기억의 상상 속을 훨훨 날아서
푸른 고향바다를 물고 오는 갈매기
처진 날갯죽지에 때 묻은 세월이
촘촘히 박혀 있었다

흘러간 우리의 청춘 시절

뒷산 소나무
그늘에서 시작 되었지

행여 눈에 띌 새라
해떨어진 어둑한 밤에
몰래 몰래 만났지

밤하늘 별빛
찬란하게 비추이고
은하수 건너 견우 직녀가
황홀하게 내려다보았지

순이네 뒤뜰 감나무에
감 열매 익어가듯
두근거리며 울렁거리며
수줍어 낯붉히며

흘러간 우리의 청춘시절은
뒷마당 헌 멍석 말려가듯 그렇게
생의 뒤편으로 슬그머니 달아나고 말았지

황혼의 엘리지

가슴이 아프다고 가슴이 시리다고
늘 입버릇처럼 말하던 친구
문학을 한답시고 문학잡지 옆구리에 끼고
시건방깨나 떨던 순 촌뜨기
막걸리 물처럼 퍼마시고 밤하늘 쳐다보며
고래고래 소리 지르다가
별같이 토해내다가
한데 아무 곳에나 코 처박고
꿈 여행 자주 떠나던 못 말리던 위인
소리 소문 없이 우리 곁을 떠나
오랜 세월 감감 무소식이더니
난데없이 세브란스 심장병원에서
가슴 쨌다는 소식에 후딱 놀라 달려갔더니
홍안의 문학도는 간곳없고
머리 허연 어떤 낯선 영감쟁이 하나가
가슴에 훈장 한 아름 달고
가을 달처럼 하얗게 웃고 있었다

봉평댁

이웃집에 사는 학간네가
봉평댁을 찾아 왔다
"봉평댁 봉평댁"
뜨락 아래 누워있던 삽사리가 꼬리치며 반긴다
마당가 거름더미 옆 정낭 쪽에서
봉평댁이 "누구요"하고 대답 한다
"나 학간네야"
"왜 왔소"
"오늘 봉평 장날이야 장 보러 안갈래"
"가요"
"어데 있어 얼른 나와"
"나 시방 정낭에 있어요 똥 눠요 쪼끔만 기다려요"
지나가던 실바람이 빙긋 웃으며
정낭 문을 슬쩍 건드린다
쭈그리고 앉아있는 봉평댁의 둥글넙적한 엉뎅이 아래로
미처 소화 덜된 강냉이 알이 군데 군데 누렇게 박힌
황금 덩어리 순대가 새끼줄 꼬듯 타래를 틀며
서리서리 내려 앉는다

*정낭 : 화장실의 지방 사투리.

시인의 꿈

전원에 움막집 한 채 짓고
초근목피로 끼니 때우며
시와 더불어 동거하며 살래

벽이 없는 방에
바람으로 바람막이 하고

지붕 없는 천정에
달님 붙들어 매달고

꽃 등불 환히 밝히고
온 밤을 끄적끄적 시를 빚으며 살래

새벽녘
남들이 일어나는 시간

새털구름 끌어다가
방안 가득 채워놓고

꿈의 궁전으로
시 여행 떠날래

나만의 시를 써야지

내가 가꾼 텃밭에는
해마다 겨울 철새가 찾아오는 갈대숲이 있었다
오솔길 청송 그늘이 있었다
수평선 위에 황포돛배가 뜨고
봄이면 아지랑이 아롱거리는 넓은 들판이 있었다
검정 고무신을 신고 초가지붕 처마 끝에 달린
고드름을 따먹으며 덜덜 떠는 동네 아이들도 있었다

그런데 지금은 보이지 않는다
콘크리트로 포장된 딱딱한 길바닥에
자동차 행렬이 줄을 잇고
도시의 굴뚝에서 내뿜는 검은 연기가 하늘을 뒤덮고
문명은 첨단 과학 기술을 앞세우며
꿈꾸듯 빠르게 달려간다

문명의 대도시 빼곡히 둘러싸인 고층건물
이 적막한 아스팔트길을 걸으며
나만의 시를 써야지 마음에 늘 다짐을 하면서도
나만의 시를 쓰지 못하는 아픔이 있어
오늘은 아리 아리 가슴이 저려온다

탄생 · 1

정우가
처음으로 세상에 고개를
쏘옥 내 밀었다
뒤이어 정확하게 70일 후
준서가 두 주먹을 불끈 쥐고 태어났다
먼저 나온 정우는
사위 박근정과 딸 김희진의 태의 첫 열매고
나중에 나온 준서는
아들 김동건과 며느리 김수인의 첫 열매다
동갑나기 친손자와 외손자가
세상에 태어나던 날
하늘 문이 열리고
천군천사가 구름을 타고 내려와
하늘의 복을 빌어 주었다
눈에 넣어도 아프지 않는
귀하디귀한 보배를 선물로 주신
높이 계신 그분께 눈물의 감사를 올린다
두 생애의 앞길에
주님의 영광이 해같이 빛나기를
두 손 모아 간구한다

2011년 겨울에
할아버지와 할머니의기도

빈털터리 소장각하

손에 쥔거 쥐뿔도 없으면서
입맛은 살아가지고
달다 쓰다 맵다 짜다
분명히 말 할줄 아는 좀 별난 인종

거머쥔 놈 상판대기에
찬물 한바가지 끼얹었다가
잘못 걸려 별 한개 붙은 빈털터리 소장각하

쥐뿔도 가진 거 없으면서
있는 척 으시대는 놈 보다야
손에 몇 푼 거머쥐었다고
행세하며 까부는 놈 보다야
순진무구 동해물과 백두산이지

손에 쥔 거 쥐뿔도 없이
빈털터리로 바닥만 헤매이다
혹 비행기 탈 일이라도 생겨
고소공포증에 쓰러지는 창피 당할까봐

아예 바닥에 자리 깔고
일찌감치 누워버린
외고집의 사나이 빈털터리 소장각하

어부의 후손

2천년의 시공을 가로질러
소리보다 빠르게 빛으로 달려와
오늘 내게 말씀 하시는 이

귀 뚫리고 눈 열려
보고 듣고 만져지는
천지 창조의 생명의 법이

내 속에 깊이 들어와
집을 짓는다

가난한 어부의 후손에게 몸소 찾아와
"나를 따르라„
"내가 너희를 사람을 낚는 어부가 되게 하리라"
하신

갈릴리 바닷가의 그분이
오늘 내게 말씀 하신다

십자가 위에서 빨간 피가 흐른다

반 박자만 늦추면

앞만 보고
정신없이 달려가다가
미처 챙기지 못한
안타까운 사연이 있습니다

무엇이 그리 급한지
빨리 빨리 서둘러만 대다가

남 먼저 간 인생이 있습니다
서둘러 건너뛴 생명이 있습니다

반 박자만 늦추는 것이
한발짝 앞서간다는 모순 같은 역리

한발짝 물러서는 것이
두발짝 나아가기 위한 휴식이란걸 안다면

반 박자 늦추는 여유도
지혜로운 보법인 것을

부재중(不在中)

왜 이리 시끄러울까
안팎으로 온통 난리다

언제는 안 그랬을까 마는
내일은 맑음

기대는 거품처럼 부풀었다가
풀기 빠진 배적삼 되고

니 죽고 내 살고
내 살고 니 죽고

한기가 사통팔달하니
살벌하고 으스스 하기가 한속기다

고래 싸움에
새우 등터진다고 했던가

잘난 사람 튀는 사람
하고많은 사람 중에

외유 중이신가 휴가 중이신가
시원한 삶의 지혜가
부재중이시다

회색지대

생각 밖의 일이 일어날 때 마다
상식 밖의 일이 일어날 때 마다

생각하며 사는 상식적인 사람들이
많이 있을 것 같은 세상에
생각하며 사는 상식적인
사람들이 너무 없는 것 같아

다는 아니지만
그런 사람들로 인하여
세상이 온통
정복당하고 있는것 같은 느낌이 들어

일이 일어 날 때 마다
앞에 나서는 사람들 마다
어찌하여 한결같이 똑 같은지 몰라

우리의 본 모습은 간곳이 없고
불신 일색인 회색지대

아직은 이른

누구에게나
한두번 쯤은 찾아온다는

말처럼 쉽게 호락호락
와 주는 것이 아닌

손에 금방 잡힐 것 같이
문 열고 막 들이 닥칠 것 같이
짬짬하고 만만해 보여도

가까이 다가서기에는
아직은 이른

인고의 캄캄한 터널을 지나도록
겨우 찾아올까 말까
망설여지기만 하는

가까이 다가서기에는
아직은 이른

관계(關係)

남남으로 와서
남남으로 만나
남이 아닌 관계를 맺고
남이 아닌 관계로 살다가
우리는 돌아 갑니다

남이 아닌 관계로 우리는 서로
막 대할 수 없고
막 말할 수 없고
막 돌아 설 수 없습니다

남남으로 와서
남남으로 만나
남이 아닌 관계를 맺고
남이 아닌 관계로 살다가

언젠가 때가 되면
우리는 영원히 떠나 갑니다

추상(追想)

살다 보면 아주 오랜
기억 속에서
좀처럼 지워버릴 수 없는
얼굴이 있습니다

어떤 환경에 처하든지
어떤 경우에 처하든지
늘 어깨동무 하고 싶은
그리운 사람이 있습니다

각박한 세상에
기름 치듯 소금 치듯
구수한 된장찌개 맛 나는
초여름 싱그러운 풀 바람 같은

자주 자꾸 만나보고 싶은
추억속의 사람이 있습니다

출국 신고

오늘 입관(入關)에 갔었지
출국 신고하러
새벽같이 많은 사람 몰려와
줄서 있었지

거의 모두가
출국 기한 까먹고 눌러 앉은
선(線)을 넘은 선량들이었지
하나같이 얼굴이 굳어 있었지

꿈 안고 왔다가 꿈 깨어져
가슴 아픈 사람들이
죄수 같은 얼굴을 하고
풀이 죽어 있었지

나도 그들 중에 끼어 함께
줄서서 기다렸지

과천생각

서울바람 불어오면서
서울물 들기 시작하면서
과천은 뜨기 시작했다

남태령 고갯길이 낮아지면서
과천이 한창 뜰 무렵

청계산 골짜기 이골 저골
옹기종기 게딱지처럼 모여
찐하게 살던 사람들

등 비빌 데 없어 뜬바람 맞고
뜬구름 흩어지듯 떠나간 사람들

유난히 추운 그해 겨울밤
소주잔 앞에 놓고 눈물 글썽이던

인형공장 이씨는
지금 어디 있을까?

제2부

만추우

춘래(春來)

1
도심지의 가로수 끝
열린 하늘로부터
뚝 뚝 떨어진다

물안개 자욱한 강변을 휘돌아
먼길 찾아오는
발자국 소리 들린다

2
윗마을에 사는 사월이가
다림질도 하지 않은
연두색 치마저고리 서둘러 꺼내 입고

부시시한 맨얼굴로
꽃고무신 질질 끌고
아랫 마실로 내려온다

개화(開花)

어제 아침까지도
입 꾹다물고 딴청 피우더니

간밤 무슨 일 있었기에
이 아침 길목에
환한 미소 여울져 넘칠까

한 겨울 추위 잘도 견뎌내더니
시새워 눈 내려도 아랑곳 않고
입술마다 환한 웃음 물고 서 있다

나를 쏙 빼 닮았어도
나 닮기를 싫어하는 자식놈 얼굴이
열린 꽃망울 속으로
손짓해 오는 아침 길목

쏟아지는 잔 햇살 맞으며
무수한 꽃 아기
꼭 다문 입술 열리네
봄이 터지네

새봄맞이 개나리 축제를 위한

막이 오르면
목에 줄줄이 색소폰을 둘러메고
손에 손에 노란 손수건 흔들며

새봄맞이 개나리 축제를 위한
나비넥타이 정장차림의 연주자들이
무대 가득 모습을 드러낸다

곡이 연주 되면
각색 화관을 머리에 쓴 무희(舞姬)들이
하늘에서 내려 온 듯
땅에서 솟은 듯
흥겨운 화관무(花冠舞)를
추기 시작 한다

바람이 꽃잔치 소문을 사방에 퍼뜨리고
소문이 떨어진 자리마다
노란 불꽃이 활활 타 오른다

노란 민들레 · 1

노란 우산 받쳐 들고
봄나들이 나왔다

하늘 비밀 창고에 꼭꼭 숨겨둔
일곱 가지 무지개 색깔 중에서

노란 색만을 쏙 뽑아
혼자 너울 썼다

툭하면 삐치고 조석으로
얼굴 바꾸는 변덕 심한 봄날에

별 향기도 없으면서
노란 색깔 하나만
굳이 고집하는 구닥다리

오월 푸른 하늘 아래
지천으로 깔린 질기디 질긴 꽃
노란 민들레

노란 민들레 · 2

무슨 몹쓸 병에라도 걸린 것일까
아니면 햇볕이 두려운 것일까
온종일 노란 우산 펼쳐 들고 서 있다

연례행사처럼 찾아오는
빈혈증이 또 도졌는가

황달은 아닌 것 같은데
꽃잎마다 노랑물감 뒤집어썼다

발길에 채일수록
더 단단히 뿌리내리는 끈기 하나로

흡사 난장이 키로 살아온
이 땅의 옛 민초들 같구나

할미꽃

무정세월 한 허리
칭칭 동여매어
한강물에 둥실 띄우고

휘 늘어진 수양버들 가지 아래
바람으로 구름으로
굽이쳐 맴돌다가

이 강산 이 산천에
고이 누우신
선열들의 묘소에

올 봄에도
할미꽃이 피었습니다

왕벚꽃

금침(金鍼)햇살에 찔린 따끔한
4월 아침나절
노인정 앞마당 한 귀퉁이 얼룩그늘 드리운
한그루 왕벚꽃 나무

눈가시병이 도졌는지
피멍 선 눈자위가 아리아리 시려온다

핑크빛 알몸
속살 환히 드러내 놓고
부끄러 발그레 붉힌 얼굴

시샘 난 꽃바람이 세차게 가지 흔들며
나들이 나온 나비 몇 마리
나꿔채듯 휘 몰고 간후

우르르 몰려오는 벌떼
윙윙 거리며 독침 세우고
순식간에 비상경계망을 펼친다

왕벚꽃 누가 꺾어 갈까봐

해당화

십리 해변 모래둔덕에
돋친 가시에 피멍이 터져
빨갛게 붉힌 얼굴

누님의 수틀 속에 색실로 수놓은
한 폭의 그림 같은

님 그리던 여인이
무명지 깨물어 피로 쓴 편지
무슨 사연이 있을 것만 같은

핏빛 진한 그리움 견디다 못해
가슴째 토해낸
우리 누님의 눈물 같은 꽃

초여름은 아카시아 꽃향기에 취해

초록바다 위를 숨차게 달려왔다
아카시아 숲가에 잠시 걸음을 멈추고
하룻밤 묵어갈 채비를 했다
숲속에선 밤새 무슨 일 벌어졌나
아침 일찍 참새 떼들 쫑알쫑알
입방아 찧기 시작했다
밤새워 은밀히 작업 지휘하던 동풍이 허리를 펴자
피 오르던 아카시아 꽃 봉오리 고개를 젖히고
아카시아 향기를 마구 퍼 날리기 시작 했다
초여름은 아카시아 꽃향기에 취해
정신을 잃고 그 자리에 털썩 주저앉고 말았다
그 해는 유난히 초여름이 길었다

아카시아

정작
접근을 꺼려하는 쪽은 이쪽인데
방귀 뀐 놈이 성낸다고
한술 더 떠

아예 독침 뾰족이 세우고
그 누구도 함부로 얼씬 거리지 못하게 하는
고약한 성미

까칠한 가시로 제 속살 파내어
하얗게 꽃 피워내는
아카시아

오월 훈풍에 짙은 향을 날리며
감히
최고의 향기에 도전장을 던진다

초여름 밤의 환상곡

고요가 염치도 없이
합방을 청해오던 초여름
깊은 밤

은하수 강가에서
한 무리 물먹은 별들이 내려와
빗금을 긋고
한 가닥 멜로디로 밤을 노크 한다

지시락 물소리
반주곡으로 흐르고
사이사이 높은 음자리표
소낙비 어우러지는 환상의 소나타

빗물구슬 방울방울 굴리는
황홀한 하늘의 음악회에 취해

미처 승천하지 못한 별 하나
흐르는 선율의 강물에 몸을 던진다

여름바다 그림수첩

태양이 엮어놓은
무명 화가의 그림수첩

바다 궁전 속
일렁이는 화폭 갈피마다
가리비 꽃게 성게 소라
푸른 물감 풀어 그림을 그린다

날치 우럭 가자미 놀래기
금빛 지느러미 흔들며
화려한 춤사위로
잔치 한마당 벌려놓고
나를 오라 손짓한다

어느새 나는 벌거벗은
한 마리 은어 되어
여름바다 그림수첩 속으로
풍덩 몸을 던진다

해풍(海風)

날카롭기가 망나니의 칼날 같다
스치기라도 하면 금방 빨간 피가 튈 것 같다

흰 갈기를 세우고
대해를 짓밟으며 포효(咆哮)한다

바다를 떠나서는 한시도 살 수 없는 풍운아
파도타기의 달인

심술이 나면
돌연 쓰나미로 벌떡 일어서
뭍을 향해 돌격해 오기도 하지만

잠잠한 날엔
짠 소금물에 몸 담그고
여유롭게 해수욕을 즐기는

대양(大洋)을 가르며 물을 호령하는
해원(海原)의 무법자

8월

황토방 구들에 군불 처때듯
태양이 지층을 뜨겁게 달군다

여인네의 젖가슴에 두른
브레지어를 부끄럼도 없이
풀어헤치는 낯 뜨거운 달

도시를 탈출한 군상들은
바람난 철새 되어 날개 펴고
대 이동을 시작 한다

강도 산도
부글부글 끓어 넘치는
인산인해의 용광로

8월은
식을 줄 모르는 열기로
끊임없이 끈적거리며
고흐의 태양을 녹이고

아예
피서지로 향하는 고속도로 위에서
초만원사례의 휘장을 길게 늘여뜨리고
길바닥에 드러누워 꿈쩍도 하지 않는다

저 가을 강둑에

깊이 패인 골바람 흔적
가슴에 묻고

긴 세월
작은 종이배 무수히 접어
강물로 띄우고
흔들리는 물결에 흐느끼며 울었다

가라앉은 숱한 사연
앙금으로 쌓인 저 가을 강둑에

하얀 갈대꽃
눈부시게 피었다

해국(海菊)

물 뚝뚝 흐르는,
막 건져 올린 미역 한 다발 목에 두르고
물비린내 물씬거리며 맨발로 달려온다

해국 향기 그윽한 찻집에서
하얀 이 드러내며
자지러지게 웃던 야성의 여인

검은머리 해풍에 날리며
종종걸음으로 모래톱에 발자국 찍으며
시를 쓰던 물새 같은 여인

그 바닷가 그 찻집 그 여인
삼 삼 삼
눈에 삼삼히 밟혀온다

갈대꽃

그을린 구리빛 이마에
흰 백발이 서린
세월을 흔들어 보내거나
아예 세월로 늙어 세월이 되어버린
갈대꽃

강물에 실려가고 실려오는
별리를 어찌 알고
종일 보내고 맞는
이별하다 이별이 되어버린
갈대꽃

만추우(晩秋雨)

계절 한장 넘기며
허스키 보이스의 구슬픈 가락이
내 창을 두드린다

타다 남은 잎을 마저 태우기 위하여
마른 잎에 젖어드는 오싹 소름
밤새워 뒷풀이 스산하다

저만치 겨울이 걸어오는 교차로에서
퇴색한 화판을 접어든 나그네

또 한폭 새 그림 그리러
우산도 없이 길 떠난다

첫눈

그해 첫눈 내리던 날
우리 처음 만나 서로 사랑하던 날
첫눈 맞으며
눈 같은 하얀 순정으로 언약을 맺었지
첫눈 가슴에 하얗게 담고
우린 인생의 동반자가 되었지
살아오면서 알았지
우리 인생에 첫눈은
날마다 내리지 않는다는 것을
해마다 스치듯 지나가는 첫눈도
그해 첫눈 내리던 날의
그 눈발이 아니란 것을 비로소 깨달았지
반백이 훨씬 넘어
강산도 변하고 사람도 변하여
우리 곁을 모두 떠나갔지만
그해 첫눈 내리던 날
우리 처음만나 서로 사랑하던 날
가슴에 하얗게 담아둔
우리의 첫사랑은 영원히 변함 없지

제3부

수직과 수평

꽃불

꽃과 꽃 사이를 넘나들며
불을 지핀다

꽃술마다 묻어나는 꽃가루에
불을 지른다

나비였다가 벌이었다가

나비와 벌은
불지르는 전문 방화꾼

꽃수레 타고
꽃무지개 뜨는 언덕을 지나

허허벌 나대지(裸垈地)를 사는
냉(冷)가슴에

말씀의 심지 돋우어
사랑의 꽃불을 지핀다

으스러져 한줌 가루가 되어

나뭇잎은 나무에 매달려 있을 동안
한 나무에 충성 한다
저 찬란한 햇빛 속으로
알몸 훤히 드러내놓고
온 몸 활활 불태우는 것은
오직 한 나무만을
죽도록 사랑하기 때문이리라
날 저물어 소명 끝나면
잎은 나무에서 내려와 툭툭 털고
미련 없이 땅에 드러눕는다
바싹 여윈 형체로 마침내
나뭇잎은 낙엽이 되어 흙으로 돌아가고
서서히 땅속깊이 가라앉는다
으스러져 한줌 가루가 되어
바람에 흩날릴지라도
남김없이 주려는 것이다
남김없이 다 주려는 것이다

수직과 수평

하늘이 수직으로 내려와 깊이 박힌다
그 중심으로부터
땅은 길게 금 그리며 달려가기 시작한다

동서남북
삼백 육십도 원을 그리며
끝에서 끝으로 고리를 지으며
시간과 계절이 함께 맞물려 지구는 돌아간다

사촌이 땅사면 배아픈 이승
서로 엇갈리며 끊임없이 비틀거린다

하늘이 수직으로 내려와
빛으로 수평의 금을 긋고
다리 하나 건설해 놓았다

너와 나의 만남을 주선하고
너와 나의 대화를 이어주고
잃어버린 우리들의 자화상을 다시 그리게 한다

하늘과 나 사이는 수직이 되고
세상과 나 사이는 수평이 된다

행성탈출

날금과 씨금으로 엮어 얽어 짠
투명그물을 내리고
금별 은별 무수히 떠가는 은하계를 지나
빗금을 그으며
수억 광년을 초음속 고공비행으로
곤두박질치며 달려와
오늘을 우리 주변에 내려 놓는다

정해진 룰 밖에서 고성방가로 시끌시끌한
허술한 뒷골목을 기웃거리며
쌀뜨물처럼 희뿌연 배설물을 토악질로 뱉어내는
희미한 가로등 불빛아래
짜가가 판치는 지하상가 입구에서
민초들의 지팡이를 빌미로
금거적대기를 뒤집어 쓰고 노숙을 즐기는 꼼수들이
비굴을 간식처럼 간단히 물에 말아먹고
똥배를 드러내고 트림을 한다

사랑의 나무에 접목시킨 한 톨의 밀알이 단단한
콘크리트 바닥을 뚫고 싹을 틔우며 피를 흘린다
새벽 종소리 사라진지 오래인 이 거리
바람은 서둘러 승천을 준비 하고
땅의 끝자락을 휘어 잡는다
이미 주어진 룰 안에서
날금과 씨금으로 짜내린 투명 그물은
조금씩 조금씩 자리를 옮기기 시작한다
하늘은 메스를 꺼내들었다
행성은 흔들리며 탈출을 시도(試圖) 한다

아름다운 혁명

당신을 만나고난 후로부터
나는 활활 타오르는 불꽃이 되었어요

당신을 만나고난 후로부터
나는 출렁이며 부서지는 물결이 되었어요

아침이면 당신은 새벽이슬로 다가와
나의 발을 씻겨 줍니다

당신의 정원에서 나는
시들지 않는 한 송이 꽃으로 피어나
진한 향기로 살고 싶어요

당신을 만나고난 후로부터
나의 생애는 온통 아름다운 혁명 이었어요

위례 둘레길

고운 이름에 이끌려
오른 산허리 둘레길

이름보다 더 고운
솔바람 그늘길이 제 가슴 풀어
나를 포근히 끌어안는다

먹구름 할퀴고 간 진자리
어지러진 발자국 하나하나 모아
다져 만든 길

옛 백제의 찬란한 문화유산
고이 담아 자락마다 펼쳐내는
위례 둘레길

넋 잃고 서있는 나를
솔바람이 와서 어깨를 툭치고
천 오백년 전 한성 옛터로 데리고 간다

임호정(臨湖亭)의 10월은

7번 국도에서 서쪽으로 꺾여
반나절쯤 걸어가면
울창한 산림으로 울타리 친 마을 하나

벼이삭 누런 논두렁을 베고 누워있던
임호정의 10월이 벌떡 일어나
한 폭의 수채화로 성큼 다가선다

소나무 숲길 돌아 자갈밭 지나
실개천이 뱀처럼 구불거리는
돌다리 건너 둑방에 오르면
물레방아를 돌리는 낡은 풍경 하나

감나무는 가지 휘어지도록 얼굴 붉힌 홍시 매달고
앞마당 멍석위엔
볕에 찔린 고추가 빨갛게 피를 흘리고

둘러친 산자락 병풍 폭마다
진적(眞赤)의 물감을 풀어내는 거기
임호정의 시월은

올해도
나를 기다리다가
산까치를 날린다

산채

밤새
하늘에서 쏟아낸
세제 풀어 헹굼질한 땟구정물이

수려한 꽃잎에
얼룩물로 번져내려
자목련 체면 말이 아니게 구겨졌다

구겨진 꽃잎 맥없이 떨구고
자목련은 흐르는 산여울에 몸행군다

하늘은 멋적은듯
새관을 갈아 끼우고
하얀 조각구름 한자락 산채위에 띄워
객을 기다린다

옷깃 적시는 솔바람 그늘에서
산새 한 마리 날아와
초록옷 갈아입는 산소리 물어 나른다

귀머거리

큰소리로 큰소리만 치다가
큰소리로 큰소리만 듣다가

작은 소리 듣는
귀를 잃어버렸다

제일 센 줄 알고
큰소리면 다 통하는 줄 알고

목소리 큰사람 찾아
따라갔다가

작은 소리 듣지 못하는
귀머거리 되어버렸다

달빛 그림자

창밖에 누가 서 있다

창을 열면
홀연히 사라지는 그 누가

매일 밤
내 작은 창밖을 서성거린다

사각사각
귓바퀴로 감겨오는 소리

가슴으로 난 외솔길을 밟고
슬며시 다가와

달빛 그림자 뒤에 숨어서
밤마다 내 창을 기웃거린다

징조

해가 삐죽이 얼굴을 내밀고
접힌 비구름을 걷어내며
햇살가루를 훌훌 뿌린다

구름띠가 황급히 도망치며 엉겁결에 떨군
물방울이 햇살가루에 엉겨

색깔의 마술사가 연출해내는
하늘공원에 신비의 칠색 무지개가 뜬다

하늘의 징조는 아직 유효한데
땟국물에 몸적신 문명은

질벅거리며
심한 가슴 병을 앓는다

오리발

한밤중 도둑고양이
선물꾸러미 뇌물 보따리가
뭉칫돈 사과상자로 변하여
꽤 알만한 얼굴끼리 눈맞춰가며

은밀하게 건네지는 모습이
허공에 영상으로 뜬다
갱영화의 한 장면처럼

둘러보면 황량한 사막
모래언덕 뿐인데 마른 바람을 타고
거짓말처럼 들려오는 황당한 소리
배꼽까뒤집는 소리

통 크고 간뎅이 부은 사람들에겐
보통일인지는 몰라도
소인네 가슴은 벌렁벌렁 뛴다

뭉칫돈 원없이 만져본 원님네들
지금 당장 눈감아도
여한이 없을 것 같은데
무슨 미련 또 남아 오리발 내미나

공중부양(空中浮揚)

금빛 햇살 노랗게 찍어 바르고
살오른 은행이파리가
금화로 발아래 수북이 쌓인다

팔랑 팔랑 춤을추며 내려앉는
계절의 풍요가 뭉클, 가슴에
발도장을 크게 찍으며 지나간다

값으로는 도저히 가늠 할 수 없는
측정(測定) 불가능의 행복지수가
전류처럼 온몸을 휘감고

회오리바람을 일으키며
공중부양 한다

사모아

깊이 가라앉았던
해염의 부스러기들이
아침 빛을 받아먹고 생동하는 난바다

수억 폭의 푸른 치마자락 펄렁거리며
두루마리로 굴러가는
수평선 저 너머 남태평양에

파도가 아침을 밀어 올리면
나신의 물 계곡 위에 붉은 불덩이 하나
불쑥 솟아 오른다

못다한 젊음을 이국의 섬
바다 한가운데 내려놓고
산호초 되어
밤마다 해수에 멱감고
별빛속에 아롱지다가

물비늘 아득히 날리며
밀려가는 섬 바다
사모아

여명(黎明)

– 동해기슭

천년을 하루같이
밀었다 되감았다 메아리로 두른
영혼의 산울림

길게 몸 뉘인
회한(悔恨)의 구릉 아래

휘몰아치는 칼바람에
날갈아 세운 칼날로
흰 뼈를 갈아 단을 쌓는다

아픔은 큰 바위에 얼룩으로 박혔다가
풍파에 삭아 내려
깊은 바다 속을 유영(遊泳)한다

정지된 한순간의 적막을 들치고
어디선가 새벽 종소리 들려오면

벌떡 일어서는 은빛 물보라
등굽은 백사장에 흰 버큼을 토해내고

그 가장자리 저편으로
아슴푸레 아침이 밝아온다

비린내 향기

비린내 나는 선창에 나가
갓 잡아온 물고기 두어 마리
개평으로 얻어다가

비늘 대충 떨어내고
뭉텅뭉텅 썰어 소주 한잔 곁들여
초고추장에 찍어 먹는 맛이야말로

독수리가 먹이를 채듯
물고기가 제 물을 만난 듯
비린 내음 맡으면 나는 싱싱해지고
펄펄 세상 살맛 나게 한다

비린내 나는 선창에서
비린 내음에 푹 빠져
살아온 연고(緣故)로

언제나 내 몸에서는 비릿비릿
비린내를 향기로 풍겨낸다

동해

바다가
통째 굴러 시퍼렇게 멍들었다

파도가 따라와
붕대 풀어 감싸고 싸매어도
팽개치기만 한다

오랜날
흰 거품 게워내며 헹구고 가셔내도
아물지 않는 그 상처

간물에 녹아
은빛 물보라로 일어서서
해안선 길게 하얀 실꾸리 풀어
모래성을 쌓는다

공원길 벤치

낙엽이 탄다
살아온 나이테만큼
아린 세월이 있었다

줄기세포는
썩은 새끼줄 뭉그러지듯
맥없이 해체(解體) 되고
한줌 재로 변한다

왈칵 눈물이 치솟는다
무심히 스쳐가는 솔바람

휘청거리는 몸
겨우 추켜세우고

공원길 한 바퀴 돌아
벤치에 앉으면

은백의 하늘창이 낮게 열리고
은하수 강가에서 퍼 올린

별표, 하얀 은분가루를
평평 쏟아 붓는다

끈

시쳇말로
면장도 아는 거 있어야 해먹는다는데
끈 짧은 탓에
아는 것도 짧아
남 다하는 거시기 한번 못해보고
밤낮 남 뒤꽁무니만 따라 다녔지

질척거리며
비포장도로만 쏘다니다가
나이테에 칭칭 감겨 배만 키운 지금
마누라 보기가 너무 미안해

평생 끈 타령만 하다가
제 몸뚱어리 하나 제대로
추스르지 못하고 한없이 작아진 못난 병신

천지에 끈 짧은 가방 어디 지 하나뿐인가
끈 짧은 명품가방 판을치는 세상인데

수수목대 · 1

이마도 영글면 저러할까
마디마디 결실의 무게 가누기 힘겨워 하는
고개숙인 수수목대

세상이 온통
목에 힘줄세워 빳빳하게 처든
모가지로 사는 것과는 달리
스스로의 무게를 가누며 숙인 지혜의 무게는
얼마나 될까

세울수록 비어있는 머리의 중량 미달과
숙일수록 가누기 힘든 과중량의 풍요

숙인 수수목대를 앞에 하고
풍요의 계절과 함께
경건의 무게를 계량해 본다

수수목대·2

영글어가는 무게만큼
고개를 숙이고 낮아지는 모습이

화살로 날아와
가슴에 깊이 꽂힌다

푸른 한철
굳어 뻣뻣해진 목살빼기가
어디 그리 쉬운 일인가

수수목대는 스스로
고개 숙이는 법을 터득하고
몸을 낮춘다

들녘엔 가을꽃들이 고개를 치켜세우고
키재기에 여념이 없는데

누런 보물 보따리를
등에 한짐 가득지고 수수목대 위를 걸어서
가을이 천천히 내려온다

빈 배

아버지는
아침 일찍 일어나 바다로 나가셨다
쉬는 날도 없이 그물코를 꿰매고
만선의 꿈을 실어나르시곤 했다

깊은 주름 고랑진, 구리빛 팔뚝으로 노를 저으며
평생 바다만 알고 파도와 씨름하다가
어느 날 돌개바람이 일으키는 노도를 만나
돌아올 수 없는 먼길을 가셨다

살아생전 꾸시던 만선의 꿈
한번도 이루지 못하고
빈 배되어 떠나셨다

달빛 푸른 밤이면
나는 바다로 달려간다
달려가 출렁이는 검은 파도에 수장한
아버지의 빈 배를 인양한다

등대

고기잡이 나가
돌아오지 않는 낭군을
애타게 기다리다가

채 눈을 감지 못하고
돌기둥이 된

갯마을 청상 과부의
한 서린 혼불일까

아슬한 절벽 끝에
하얀 물줄기로 용솟음쳐 올라

세월로 굳어버린
말없는 어부의 화신일까

캄캄한 천리 바닷길을 열고
밤마다 등불을 밝힌다

꿈새

내 시린 가슴에
풀무질로 불지피다가
한쪽 날개를 잃어버린 새

모두 떠나가고 없는데
도무지 떠날 기색조차 보이지 않는
눈치꾸러기

그림자처럼
내 주위를 빙빙 돌며
변변찮은 나를 사랑한다고
야무지게 말하던 당찬 새

떼어 줄 것도
얻어먹을 것도 별로 없는데
꿈조각 하나면 족하다며 몹시도 졸라 대던
자칭 꿈새

언제부터인가 시린 내 가슴에
뜨거운 불씨 하나
깃털로 일어서기 시작했다

소리

귀로는 들을 수 없는
귀 없이도 들을 수 있는
눈으로 읽는 소리

분명
꽃신이 찍고오는 발자국 소리인데
귀로는 들을 수 없고
눈으로만 읽을 수 있는

봄이 오는
소리

잡초

길가 아무 곳에나
불쑥 불쑥 얼굴 내밀고
텃밭 일구고 산다

채이고 밟히고
줄 몸살 앓으며 뭉개진 몸
용케도 추스려 다시 돋아나

있는 듯, 없는 듯
눈에 띄지 않아도
철 지난 제 꽃을 피운다

물웅덩이

지나던 비구름 잠시 들러
쉬어 가던 빈터

오랜 세월 한 방울 두 방울
빗방울 고여서 이제는
큰 물웅덩이 되었다
해와 달과 바람과 별과 친구 되었다

하늘이 파랗게 높아 가던 날
주황색 주름치마 곱게 두르고

갈바람 따라 마실 내려온
먼 산 가슴에 품고

서걱!
출렁!
밤새워 갈대숲 거닐며
깊은 정담 나눈다

오쿠보 거리

오색 네온 불빛이
빗물에 흠뻑 젖어 흔들거리는
오쿠보 밤거리에
우산꽃이 활짝 핀다

빗물 따라 빗길 따라
우산꽃 행렬 속에
언뜻 스쳐가는 바람 그림자
삶에 지친 이방인의 고달픈 얼굴 하나

가슴엔 듯 이마엔 듯
빗금 그으며
촉촉이 젖어드는 엑조티시즘

모였다 흩어졌다
흩어졌다 모였다
강물에 꽃잎 떠내려가듯

밤 깊은 오쿠보 거리는
무심히 흘러간다

*오쿠보 거리 : 일본 동경 신주꾸에 있는 거리 이름.

모르쇠

정말 몰라서 모른다고 했을까
알면서도 켕기니까 모른다고 했을까

몰라도 아는 척은 해야 그나마
그 판에서 살아남을 수가 있지

하물며 아무것도 모르고서야
어찌 제 몫을 챙길 수가 있겠어

날고 긴다 하는 똑똑이들
다 모여 있는 그 판에

어줍잖게 피라미들 함부로
얼쩡거렸다가는
명줄 짧아지는 봉변당하기가 십상인데

모른다고만 초지일관하는
껍데기 두꺼운 먹쇠돌이

언제 어디서 무엇을 얼마나 왜
주워 먹었길래
모르쇠가 되었을까

작은 귀울림에도

이 세상엔 존재하지 않는
존재해도 눈으로는 볼 수 없는

육신의 고향이 아닌
영혼의 본향으로
돌아갈 날이 가까워 온다

들릴 듯 말듯
이따금은 약하게
이따금은 진한 흔들림으로
쿵 쿵 다가오는 발자국 소리

마음속 깊이 파놓은 시(詩)샘의 뚜껑을 열고
한 두레박 가득
그리움 길어 올리면

낯익은 얼굴들이
별처럼 떠오른다

소매 끝을 적시는 연연(戀戀)한 흐느낌
찡 가슴을 친다

작은 귀울림에도

제4부

시집 평설

시로 실현하고 싶은 꿈의 미학

박진환
(문학평론가 · 문학박사)

1. 前提

희망이란 눈뜨고 있는 꿈이라고 말한 것은 아리스토텔레스다. 그런가 하면 그리스의 시인이었던 핀다로스는 희망은 눈을 뜨게 하는 사람들의 꿈에 불과하다고 피력한 바가 있다.

희망과 꿈, 꿈과 희망, 언뜻 이 둘은 각각 다른 것으로 볼 수 있지만 기실 꿈은 희망을 가진 자에 의해 상상해보는 것이고, 거꾸로 희망을 가진 자는 희망을 실현하기 위해 꿈꾸기 마련이다.

이렇게 보면 희망과 꿈, 꿈과 희망은 희망 즉 꿈, 꿈 즉 희망이라는 등식을 성립시켜 각기 따로따로가 아닌 동전의 양면과 같게 되는 이치를 성립시키기도 한다.

희망과 절망을 말할 때도 희망의 반대가 절망이라고 말

하기 쉽지만 기실 절망에 업혀 사육되는 것이 희망이고 희망에 의해 절망은 극복된다는 의미에서 희망과 절망 또한 희망 즉 절망, 절망 즉 희망이라는 형이상적 풀이를 가능하게 해준다.

어떤 의미에서 보면 詩 또한 희망이거나 꿈, 절망일 수 있게 된다. 기쁨이든 슬픔이든 시는 항상 그 자체 속에 이상을 좇는 신과 같은 성격을 갖고 있다고 한 보들레르의 피력은 이를 잘 말해준다고 할 수 있다. '이상을 좇는 신과 같은 성격'으로서의 시는 분명 희망과 희망을 실현함으로써 절망을 극복해주는, 그리하여 시를 꿈꾸게 하는 것이 시이기 때문이다. 그래서 시인들은 꿈을 꾸고, 꿈을 꿈으로써 꿈을 통해 희망을 실현하고자 하기 마련이고, 동시에 희망의 성취를 꿈꾸기 마련이게도 된다. 이 점에서 시는 곧 꿈일 수 있고, 꿈을 실현함으로써 희망을 성취할 수 있게 되는 꿈·희망·시라는 삼위일체의 등식을 성립시키게 된다.

꿈꾸는 자로서의 시인, 꿈을 실현함으로써 희망의 실현이기를 희망하는 시인이 있다. 달리 말하면 시로써 성취하고 실현하고자 하는 희망에서 시를 출발시킨 시인이 있다는 뜻인데 시집 『소중한 나의 전부』를 상재한 김호정 시인이 그 장본인이다.

시인 스스로가 밝힌 시집 서문격인 「책머리글」에 의하면 "빈 배 타고가신 아버지께서 생전 이루지 못한 만선의 꿈을 조금이나마 이루어 드리고 싶은 나의 간절한 소망"이란 피력을 하고 있는 것으로 미루어 보아 시인의 소망사고를 실현하기 위해 시집을 상재한 것으로 보아줄 수 있게 한다. 아버지가 이루지 못한 만선의 꿈을 시로써 이루어 보고자 꿈의 실현을 위해 상재한 시집은 그래서 꿈에서 시를 출발시킨 것이 되고, 시로써 이를 실현함으로써 만선의 꿈을 성취하고자 한 것을 말해주는 것이 된다.

아버지의 만선의 꿈을 대신 시로써 실현하고자 하는 시집 『소중한 나의 전부』는 그래서 김호정 시인이 언어의 낚시질이나 투망질을 통해 건져 올린 언어의 만선이 되어주고 이 만선의 언어는 곧 아버지가 이루지 못한 꿈을 대신 시로써 실현해 주는 것이 되는 이치를 성립시킨다.

이쯤에서 만선의 시인 시집의 세계를 들여다보기로 한다.

2. 시인의 꿈과 꿈의 실현

전제에서 밝혔듯이 시인은 시로써 아버지가 이루지 못한 꿈을 실현하고자 한데서 시를 출발시키고 있다.

아버지는
아침 일찍 일어나 바다로 나가셨다
쉬는 날도 없이 그물코를 꿰매고
만선의 꿈을 실어나르시곤 했다

깊은 주름 고랑진, 구리빛 팔뚝으로 노를 저으며

평생 바다만 알고 파도와 씨름하다가
어느 날 돌개바람이 일으키는 노도를 만나
돌아올 수 없는 먼길을 가셨다

살아생전 꾸시던 만선의 꿈
한 번도 이루지 못하고
빈 배되어 떠나셨다

달빛 푸른 밤이면
나는 바다로 달려간다
달려가 출렁이는 검은 파도에 수장한
아버지의 빈 배를 인양한다

예시는 「빈 배」의 전문으로서 이 시에서 읽을 수 있는 것은 시행이 말해주듯 '살아생전 꾸시던 만선의 꿈 / 한 번도 이루지 못하고 / 빈 배되어 떠나셨다'는 3연의 '빈 배'라는 메인 이미지다. 여기에서 '빈 배'는 단순한 시어가 아닌, 그 무엇으로도 채우지 못한 공허한 생이거나 허무한 삶쯤이 될 수 있다. 어떻게 보면 아무 뜻도 이룬 것도 없이 한 생을 마감해버린 醉死夢生쯤으로 이해해도 될 듯한 그런 삶으로 받아들일 수 있게 하는 '빈 배'다.

화자는 바로 이러한 허무·공허와 같은 '빈 배'로서의 아버지의 생을 만선으로 가득 채우고자 '달빛 푸른 밤이면 / 나는 바다로 달려간다 / 달려가 출렁이는 검은 파도에 수장한 / 아버지의 빈 배'를 인양하고자 했던 것이 된다.

여기에서 인양하고자 한 '빈 배'는 아버지의 생애로서 실은 '빈 배'를 가득 채움으로써 실현될 수 있다고 믿는 꿈이자 희망이 되게 된다. 그리고 이를 실현하기 위해 화자는 언어를 낚거나 투망질해 '빈 배'를 채우자 한 것으로 이해할 수 있게 하는데 그것이 언어의 낚시질이나 투망질로 재구성해낸 시였던 것이 된다.

전원에 움막집 한 채 짓고
초근목피로 끼니 때우며
시와 더불어 동거하며 살래

벽이 없는 방에
바람으로 바람막이 하고

지붕 없는 천정에
달님 붙들어 매달고

꽃 등불 환히 밝히고
온 밤을 끄적끄적 시를 빚으며 살래

새벽 녘
남들이 일어나는 시간

새털구름 끌어다가
방안 가득 채워놓고

꿈의 궁전으로
시 여행 떠날래

예시 「시인의 꿈」은 이를 잘 말해주고 있다. '시와 더불어 동거하며', '온 밤 끄적끄적 시를 빚으며' 꿈꾸는 '전원의 움막집'을 '꿈의 궁전'으로 시의 공간을 이주하고자 하는 것이 그것이다.

'꿈의 궁전'을 건설하기 위해 시인은 몇 가지 구도를 제시, 실현하고자 하는 궁궐의 여러 조건 충족을 위해 시의 사역을 동원한다. 그 첫 번째가 위치의 선정이다. 시 「동해」는 이를 잘 말해주고 있다.

바다가
통 째 굴러 시퍼렇게 멍들었다

파도가 따라와
붕대 풀어 감싸고 싸매어도
팽개치기만 한다

오랜 날
흰 거품 게워내며 헹구고 가셔내도
아물지 않는 그 상처

간물에 녹아
은빛 물보라로 일어서서
해안선 길게 하얀 실꾸리 풀어

모래성을 쌓는다

'해안선 길게 하얀 실꾸리 풀어 / 모래성'이 쌓인 동해 바닷가 백사장을 궁전의 터전으로 선택한다. 그 이유는 '오랜 날 / 흰 거품 게워내며 헹구고 가셔내도 / 아물지 않는 그 상처'가 있는 곳이기 때문이다. 다시 말하면 '어느 날 돌개바람이 일으키는 노도를 만나 / 돌아올 수 없는 먼길'을 가신 '빈 배'로 아버지가 수장된 곳이기 때문이고, 그래서 아물지 않는 상처가 남겨진 곳이기 때문이다.

시인은 바로 이 아픈 상처를 치유하고 보상받고자 아버지의 허무라는 '빈 배'를 가득 채워주기 위해 이곳을 꿈의 궁전터로 선택했던 것이 된다.

궁전 곁엔 등대 하나를 세워 '빈 배'로 수장된 원혼들을 달래게 함으로써 상처의 치유와 함께 원혼을 달래 빛으로 안내하는 역할을 맡기고 있다.

고기잡이 나가
돌아오지 않는 낭군을
애타게 기다리다가

채 눈을 감지 못하고
돌기둥이 된

갯마을 청상 과부의

한 서린 혼불일까

아슬한 절벽 끝에
하얀 물줄기로 용솟음쳐 올라

세월로 굳어 버린
말없는 어부의 화신일까

캄캄한 천리 바닷길을 열고
밤마다 등불을 밝힌다

예시 3연 '갯마을 청상 과부의 / 한 서린 혼불일까'로 설의한 '혼불'은 등대가 밝힌 불이 먼 원혼으로 떠도는 잠들지 못한 혼들을 달래기도 하고 불러들이기도 하는 구실을 담당하게 함으로써 궁전의 장식이 아닌, 궁전의 역할인 시로써 아픔을 달래 치유해주고자 하는 시인의 배려가 설정한 시로 꾸민 궁전의 한 풍경이라고 할 수 있다.

화자는 이러한 궁전의 주인이 되어 아버지가 가신 바다 멀리 「그리움의 돛배」를 띄워 보내며 초혼과 함께 그리움을 달래기도 한다.

노을 지는 저녁나절
언덕에 올라
푸른 해원(海原)을 향해 앉으면
물밀듯 밀려오는 하얀 그리움

먼바다의 향수가
가슴 가득 차오르면
노을 고운 바다 위에
그리움의 돛배 한척 띄운다

찰랑 거리는 물길 따라
돛배는 떠나가고
불타는 노을은 비단 이불 두르고
밤 그림자 길게 드리우는데

밀물이 썰물 되어 밀려간 자리
텅빈 모래밭 위로
어스름 저녁 별빛 한 움큼 쏟아져 내린다

'그리움'과 '향수'를 합치면 '海愁'쯤이 되지 않을까. 바다가 환기시키는 먼 출항에의 점검, 가버린 날의 바닷가 회상, 그리고 가고 오지 않는 혼들에 대한 위로가 환기시키는 고향의식 등등 해수 속엔 여러 양태의 정서적이고도 정신적 풍경들이 펼쳐지기 마련이게 된다.

필연적으로 회상성 동심이 일고, 동심이 환기시키는 고향에의 여러 풍경들이 주마등처럼 스치기 마련이게 된다. 그 중에서도 가장 뚜렷하게 각인된 채 간직됐던 것이 어머니다.

어릴 적 우리 집 뒷마당 가에는
어머니가 손수 만든 장독대가 있었다

하얀 조개껍질이 듬성듬성 섞인 왕모래를 곱게 깔아 만든 장독대 위에는
언제나 크고 작은 항아리들이 아담하게 잘 정돈돼 있었다
장독 속에서 어머니의 손맛은 우러났고
맛은 특별나서 온 동네에 소문이 자자 했다
손이 큰 어머니의 장독대는 우리 집 보물 창고였고
온 마의 자랑이었다
살 에는 추운 겨울날 집 나간자식 안돌아올 때도
어머니는 그 장독대 곁을 한번도 떠나 본적이 없으셨다
장독대는 어머니의 마음이었고 고향이었고
정성을 빌어 올리는 어머니의 전부였다
어느덧 세월은 흘러 어머니도 장독대도 자취 없이 사라지고
지금은 아무도 어머니의 장독대를 기억해주는 사람이 없다
유독 내 가슴에만 살아서 저리는 아픔으로 다가 온다
세월이 좀 더 흘러 나마저 없으면
누가 어머니의 장독대를 기억해주고
후세에 들려줄까
장맛 진한 어머니의 장독대 이야기를

어머니 하면 어머니의 마음이었고 고향이었고 어머니의 전부였던 '장독대'가 떠오르기 마련이다. 어머니가 만든 보물창고로서의 장독대에는 어머니의 손맛이 우러나온, 간장 항아리가 소문만큼 즐비했고 온 마을의 자랑거리이기도 했다.

그러나 어머니는 세월과 함께 가시곤 기억해주는 이 없이 유독 화자의 가슴에만 남아 아픔이 되어주고 있을 뿐이다. 시인은 이 아픔을 치유하기 위해 장독대를 형상으로 빚어냄으로써 시적 처방전을 쓴 것이 예시 「어머니의 장독대」 다.

지금까지의 언급은 김호정 시인이 시로 긋는 궤적을 좇아 본 것에 불과하다. 그러나 이러한 궤적 추적에서 발견된 간과할 수 없는 것이 하나 더 있다. 그것은 지금까지 보여준 시의 궤적과는 달리 새로운 자기 혁명을 통한 '빈 배' 채우기라는 화자의 변신이다.

3. 새로운 시적 변신

당신을 만나고난 후로부터
나는 활활 타오르는 불꽃이 되었어요

당신을 만나고난 후로부터
나는 출렁이며 부서지는 물결이 되었어요

아침이면 당신은 새벽이슬로 다가와
나의 발을 씻겨 줍니다

당신의 정원에서 나는
시들지 않는 한 송이 꽃으로 피어나
진한 향기로 살고 싶어요

당신을 만나고난 후로부터
나의 생애는 온통 아름다운 혁명 이었어요

예시 「아름다운 혁명」에서 볼 수 있듯이 시인은 자기 변신을 위한 일대 혁명을 감행한다. '활활 타오르는 불꽃', '출렁이며 부서지는 물결', '시들지 않는 한 송이 꽃', '온통 아름다운 혁명' 등의 시행이 암시하고 있는 내연의 불꽃으로서의 에스프리, 물결로 일어서는 정신적 역동, 소멸을 거부하는 시심, 그리고 이러한 것들을 다짐하면서 새로이 출발을 예비하는 자아혁명은 김호정 시인이 단순한 '빈 배'를 채워 꿈을 실현하고자 하는 것에서 새로운 견고한 시정신을 기둥으로 세우고 그 길을 가고자 하는 또 다른 출발을 보여준 것이 된다.

시 「어부의 후손」은 이를 잘 말해주고 있다.

2천년의 시공을 가로질러
소리보다 빠르게 빛으로 달려와
오늘 내게 말씀 하시는 이

귀 뚫리고 눈 열려
보고 듣고 만져지는
천지 창조의 생명의 법이

내 속에 깊이 들어와
집을 짓는다

가난한 어부의 후손에게 몸소 찾아와
"나를 따르라„
"내가 너희를 사람을 낚는 어부가 되게 하리라" 하신

갈릴리 바닷가의 그분이
오늘 내게 말씀 하신다

십자가 위에서 빨간 피가 흐른다

예시에서 발견되는 것은 '빈 배'와 함께 수장됐던 어부였던 아버지의 후손으로서 아버지의 허무를 채워드려 원혼을 달래드리고 싶었던 소박한 시정신과는 전혀 다른 보다 큰 시적 차원에서 터득해낸 시정신에서 시를 출발시키고 있음을 보여주고 있다.

그것은 '소리보다 빠르게 빛으로 달려와 / 내게 말씀하시는 이'에서 볼 수 있는 빛으로 오신 이와 만나고 있기 때문이다. 그와 함께 '귀 뚫리고 눈 열려 / 보고 듣고 만져지는 / 천지 창조의 생명의 법'을 터득함으로써 창조의 법리를 깨닫고 있는데 이는 단순한 형상화로서의 정서나 관념유희와는 차원을 달리하는 것이 된다.

그뿐만이 아니다. "나를 따르라", "내가 너희를 사람을 낚는 어부가 되게 하리라"에서 볼 수 있듯이 창조의 법을 통해 터득된 것이 언어의 낚시질이나 투망질이 아닌 '사람을 낚는 어부'이고자 하고 있기 때문이다.

여기에서 시인이 짓고 싶었던 '꿈의 궁전'은 비로소 '천지 창조의 생명의 법'에 의해 새로이 건축되는 집을 짓기에 이르게 되는데 이러한 경지는 김호정 시인의 시가 단순한 보상성 꿈의 실현에서 한 차원 나아가 시를 종교적 승화의 경지로 이끌어 올림으로써 진정한 사랑과 구원의 말씀이기를 희망한다는 것과 같은 동류항이 된다.

꿈과 희망과 시의 궁극 또한 이러한 경지에의 진입을 위한 필사적 돌진이 아닐까. 김호정 시인에게서 쉬임없이 내딛고 있는 돌진의 스텝이 찍고 가는 발자국을 보는 것 같다.

3. 결어

김호정 시인의 처녀시집 『소중한 나의 전부』는 이런 의미에서 시가 될 수 있고 종교가 될 수 있고 이 둘을 합친 전부가 될 수 있게 되는데 시집 『소중한 나의 전부』는 바로 이를 시로써 형상화, 담고 있다는 결론에 귀결될 것으로 본다.

김호정 시인은 강원도 주문진 출생으로 본명은 김영주이다. 하남 문인협회 회원이며 2010년 하남시 백일장에서 수상하였고, 하남 문화원 문화대학 문예창작반과 중앙대학교평생교육원 시창작과정을 수학했으며 2012년 『조선문학』에서 시로 등단하였다.
주소 : 경기도 하남시 덕풍2동 지아아파트 102동 501호,
HP : 010-8523-8370, E-mail : poem0625@naver.com

소중한 나의 전부

2012년 7월 25일 인쇄
2012년 7월 30일 발행

지은이 / 김호정
발행인 / 박진환
펴낸곳 / 조선문학사
등록번호 / 1-2733
주소 · 110-092 서울 서대문구 홍제2동 96-4
대표전화 / 730-2255
팩스 / 723-9373

ISBN 978-89-93614-98-5

정가 8,000원